curio¿idad por

LOS TIBURONES TIGRE

POR DEBRA RANDORF

AMICUS LEARNING

¿Qué te causa

curiosidad?

CAPÍTULO TRES

Vida en el océano

Curious About está publicado por
Amicus Learning, un sello de Amicus.
P.O. Box 227
Mankato, MN 56002
www.amicuspublishing.us

Editora: Ana Brauer
Diseñadora de la serie: Kathleen Petelinsek
Diseñadora del libro e investigadora fotográfica: Sara Hood

Library of Congress Cataloging-in-Publication Data
Names: Randorf, Debra, author.
Title: Curiosidad por los tiburones tigre / by Debra Randorf.
Other titles: Curious about tiger sharks. Spanish
Description: Mankato, MN : Amicus Learning, an imprint of Amicus, [2026] | Series: Curiosidad por los tiburones | Includes index. | Audience: Ages 6–9 | Audience: Grades 2–3 | Summary: "Did you know tiger sharks get called the trash cans of the sea? They'll eat anything, even garbage! Learn about these fascinating sharks in this Spanish question-and-answer book for elementary-aged readers. Translated into North American Spanish. Includes infographics, table of contents, glossary, and index"—Provided by publisher.
Identifiers: LCCN 2024052125 (print) | LCCN 2024052126 (ebook) | ISBN 9798892006873 (library binding) | ISBN 9798892007474 (paperback) | ISBN 9798892008075 (ebook)
Subjects: LCSH: Tiger shark—Juvenile literature.
Classification: LCC QL638.95.C3 R3718 2026 (print) | LCC QL638.95.C3 (ebook) | DDC 597.3/4—dc23/eng/20241226

Créditos fotográficos: Alamy Stock Photo/Amanda Cotton, 6–7, Helmut Corneli, 3, 20–21, Jeff Rotman, 13, Luiz Puntel, 2, 5, WaterFrame_gno, 18–19; Blue Planet Archive/Doug Perrine, 16–17; Dreamstime/Photon75, 9; Getty Images/Gregory Sweeney, 15, Samuel J Coe, 2, 12; Shutterstock/Jsegalexplore, cover, 1, 10, Wonderful Nature, 8–9; The Noun Project/Amethyst Studio, 22, Hugo RICHIR, 23, monkik, 23, Tanapol Ngoenchairoj, 22; Vecteezy/om1947, 7

Impreso en India

CAPÍTULO UNO

¿Por qué se llaman tiburones tigre?

Cuando nacen, tienen rayas oscuras como las de un tigre. ¡De ahí su nombre! Las rayas se van desvaneciendo a medida que el tiburón crece. Los tiburones tigre son de color gris azulado en la parte superior y blancos en el vientre. ¡También comen mucho! ¡Son famosos por su gran **apetito**!

Los tiburones tigre están en la cima de la cadena alimentaria. Ningún animal los caza.

¿Puedo nadar con uno?

¡No! Los tiburones tigre son animales **agresivos**. Tienen más probabilidades de atacar a los nadadores que otros tiburones. Se encuentran en aguas cálidas de todo el mundo. Los tiburones tigre son unos de los tiburones más peligrosos del océano.

Los ataques de tiburones son raros, pero es mejor mantenerse alejado de ellos.

Distribución del tiburón tigre

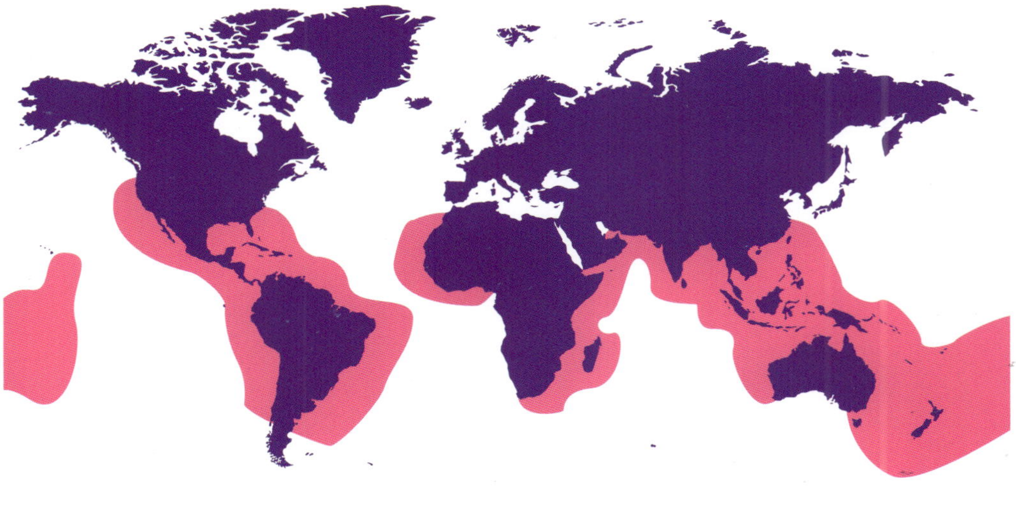

¿Por qué son tan peligrosos?

Los tiburones tigre nadan cerca de la costa. Esto los convierte en un riesgo mayor para las personas. Los tiburones tigre también tienen dientes especiales. Sus dientes tienen bordes curvos y aserrados. Esto ayuda a los tiburones a atrapar a sus **presas**.

Es probable que este tiburón confunda a alguien con una foca y ataque.

¿SABÍAS QUE...?

La forma especial de los dientes del tiburón tigre los ayuda a aplastar y comer los caparazones de las tortugas marinas.

CAPÍTULO DOS

¿Qué comen los tiburones tigre?

Los peces rémora suelen adherirse a los tiburones. Comen los restos de su comida.

¡Casi cualquier cosa! Los tiburones tigre no son muy exigentes con la comida. Comen peces, tortugas marinas, rayas, calamares, otros tiburones e incluso basura. En los estómagos de los tiburones tigre se han encontrado neumáticos, ropa, billeteras e incluso piezas de botes y barcos.

¿QUÉ HAN COMIDO LOS TIBURONES TIGRE?

¿SABÍAS QUE...?

El tiburón tigre es conocido como el "basurero del mar".

Los tiburones tigre también comen animales muertos.

¿Cómo cazan los tiburones tigre?

Suelen acercarse a la orilla para cazar de noche. Es más fácil acercarse sigilosamente a sus presas en la oscuridad. Los tiburones regresan a aguas más profundas durante el día. Los tiburones tigre utilizan su gran vista y sentido del olfato para encontrar alimento.

Los tiburones tigre también cazan durante el día si tienen mucha hambre.

¿Qué tan rápido nada un tiburón tigre?

No muy rápido. Los tiburones tigre son nadadores lentos y tranquilos. Nadan a unas 3 millas (4.8 kilómetros) por hora. Pero pueden alcanzar velocidades de hasta casi 20 millas (32 km) por hora para **emboscar** y atrapar a sus presas.

Los tiburones tigre a veces saltan fuera del agua mientras cazan.

¿SABÍAS QUE...?

La mayoría de los tiburones tigre pueden llegar a medir 18 pies (5.5 metros) de largo. Las hembras son más grandes que los machos.

¿Cómo nacen las crías de tiburón tigre?

¿SABÍAS QUE...?

A los tiburones bebés se les llama crías.

Los tiburones tigre bebés miden alrededor de 34 pulgadas (0.9 metros) de largo al nacer.

Las crías crecen dentro de su madre durante 16 meses. Nacen en grupos de entre 10 y 82 crías. Sus madres no les ayudan a encontrar comida ni cuidan de ellas. Las crías tienen que valerse por sus propios medios.

¿Los tiburones tigre nadan juntos?

Generalmente no. Los tiburones tigre son animales **solitarios**. Nadan solos. Cazan solos. Los tiburones tigre solo se juntan para **reproducirse** en primavera. A veces también nadan en grupos cuando comen animales grandes juntos.

Un tiburón tigre nada con otro antes de aparearse.

¿Los tiburones tigre están en peligro de extinción?

No, pero la población está disminuyendo. La **sobrepesca** es la mayor amenaza para los tiburones tigre. Mucha gente utiliza las aletas de los tiburones en sopas. Su piel se utiliza como cuero. Algunas personas también los matan por miedo.

En Australia y en el estado de Florida en EE. UU. está prohibido capturar tiburones tigre.

HAZ MÁS PREGUNTAS

¿Los tiburones tigre permanecen en un solo lugar?

¿Cuánto tiempo viven los tiburones tigre?

Prueba con una PREGUNTA GRANDE: ¿Cómo pueden los humanos ayudar a los tiburones tigre?

BUSCA LAS RESPUESTAS

Busca en el catálogo de la biblioteca o en Internet.
Pueden ayudarte tus padres, un bibliotecario o un maestro.

Usar palabras clave
Busca la lupa.

Las palabras clave son las palabras más importantes de tu pregunta.

Si quieres saber sobre:

- si los tiburones tigre se mudan de lugar, escribe: MIGRACIÓN DEL TIBURÓN TIGRE
- cuánto vive un tiburón tigre, escribe: ESPERANZA DE VIDA DEL TIBURÓN TIGRE

GLOSARIO

agresivo Que muestra disposición para pelear o atacar.

aparearse Unirse en pareja para procrear.

apetito Un deseo o necesidad de comer.

emboscada Un ataque sorpresa.

presa Animal al que cazan para comerlo.

reproducirse El proceso mediante el cual los animales jóvenes son procreados por sus padres.

sobrepescar Capturar demasiados peces a un ritmo mayor al de su nacimiento.

solitario Que vive o está solo.

ÍNDICE

Acerca de la autora

Debra Randorf vive y trabaja en Minneapolis, Minnesota. Es tan curiosa que va a la biblioteca al menos una vez por semana.